AF607420

DL ZA 137-2025

ISBN: 978-84-18885-60-4

Cartela íntima de una descomposición

Carmela Novara

PRÓLOGO

Eugenia Kléber

Tiene cinco años y está sentada sobre la alfombra del comedor con un diccionario abierto en medio de los juguetes. Ella sabe que es el juguete más fascinante, esas páginas delgadas con palabras de todos los tamaños, algunas tan hermosas que le encanta saborearlas una y otra vez como caramelos de fresa.
Repetir las palabras con los ojos cerrados, escuchar su sonido, imaginar un color.
Un orden. Desordenarlas. Empezar de nuevo.
Es Carmela, aunque entonces todavía no se llama Carmela.

Ávida lectora, Carmela Novara se acerca al teatro al amar de inmediato su primer contacto con la escena: "Porque, más allá de los personajes, podía sentir el latir del texto".
La autora empezó a escribir porque quería cambiar algo, cambiar aquello que consideraba injusto, obsceno, perverso; lo que le provocaba incomodidad e impotencia. Para ello, se propuso cambiar primero su mirada del mundo, "la lectura que de él hacía, para mí y para los demás"

En mitad de la pandemia, se matricula en un laboratorio teatral donde descubre que los títeres son mucho más que meros muñecos sujetos a un hilo. Descubre que los objetos tienen vida propia, que todo lo que aparece en escena la tiene. La posibilidad del juego la atrapa de inmediato.

Antes de lanzarse a la escritura dramática, estudia con Eva Redondo, Nieves Rodríguez, Shaday Larios, José Sanchís, Amaranta Osorio, Itziar Pascual y Xavier Bobés, cada uno de los cuales deja su huella en la autora mientras descubre qué temáticas la convocan.

"Creo que hay en mi escritura cierta obsesión con el encierro, la pérdida de libertad, la violencia", temas que aborda en su primera obra, *Una grieta en la tierra* (Ed. Mutis, 2024) y en la que nos ocupa, *Cartela íntima de una descomposición*.

Es este un texto que Carmela Novara descubre paulatinamente (que redescubre más bien ya muy avanzada su escritura), para constatar que no trata (como creía, como se propuso) de la enfermedad mental, las instituciones psiquiátricas y la medicalización excesiva, sino de la familia. Familia. Raíz. Nido. El microcosmos primero, el origen del *problema*.

De la herida o el daño.

A la tribu. A mi tribu

Incluso si la enfermedad distrae
la atención de los pensamientos,
lo único que se necesita
es la voluntad de amar.

Teresa de Ávila en *Castillo interior*
o las moradas.

PACIENTE 511

FAMILIA

Madre Padre
Hermana

OTRA

INSTITUCIÓN

Voz que queda después de...

Presente de indicativo

(¿Primera vez?)

Una sala de paredes naranjas.

Cuatro mesas rectangulares recorren su perímetro. Alrededor de cada una, seis seres humanos.

Todos ellos uniformados. Un pijama azul.

Seis bandejas. Seis vasos.

Seis platos y...

Paciente 511.–

Una cuchara.

Silencio.

Una cuchara de plástico.

Un largo silencio.

No hay más cubiertos.

Un larguísimo silencio.

¿Por qué no hay más cubiertos?

Silencio.

Puré verde.

Crema, papilla, sopa, pasta. Verde.

Silencio.

No tengo hambre.

¿Cómo se coge una cuchara?

No lo recuerdo.

No es lo único que no recuerdo. Hay más cosas.

Otras cosas. Demasiadas cosas.

Silencio.

No sabe a nada.

Agua.

Mi boca no sabe a nada.

Dadme agua.

Los labios...

¡Secos! Y en las comisuras... En las comisuras... Ese hilillo pegajoso.

He dicho que tengo sed.

Silencio.

Un pulso late en la garganta.

Necesidad de agua.

De oxígeno. De luz. Mis raíces se pudren.
La arcilla sube por mi cintura.
¿Dónde están las ramas?
¿Quién se las ha llevado?

Por favor.

Silencio.

Ahí.

¿Quién...?

El cartel.

Ahí están las respuestas.

Área de...

Encima del reloj.

Psi...

Junto a la una y media...

Psiquia

No me gusta este olor que se
extiende por todas partes.

Por todos los cuerpos.
Por mi cuerpo.

Psiquiatrí…

Este olor a químico.

Psiquiatría.

Este olor a…

Na-da.

Silencio.

Aripiprazol. Cinco miligramos.

¿Por qué habláis así?

¿Por qué me habláis así?

Como si yo no pudiese entender. Como si yo…

Sertralina. Diez miligramos.

La boca me escuece.

Esa sangre no me pertenece. No brota de mí. No sale de mí.

Mentís. ¿Por qué mentís?
Que os den por el culo.

¿Qué es la piedad? Estoy hecha de arena.

¿Y la cuchara?

¿Dónde está la cuchara? Mi cuchara.

¿Os sentís mejor?

¿Os creéis mejores?

Mirad mi lengua. Miradla bien.

¿Ya la habéis visto?

Podría chuparos ahora mismo si quisiera.

Marchaos.

Extender la ponzoña que emano. Intoxicaros. Soy tóxica.

¿Por qué me abandonáis?

¿Por quién me abandonáis?

¿Qué hora es?

Pretérito perfecto simple

Esta es otra sala.

Esta tiene las paredes grises.

Cinco mesas cuidadosamente desordenadas. Aquí no hay bandejas.

No.

Tampoco vasos, ni platos, ni...

Aquí solo macetas.

Plantas de interior.

Una ventana cerrada.

INSTITUCIÓN.–

(*Entregándoles una bolsa de papel*). Estas son sus cosas. Tienen que firmar este documento. (*Señala a MADRE un formulario. Le ofrece un bolígrafo azul*).

MADRE.–

(*Rechazando el bolígrafo, saca uno negro de su bolso*). Yo tengo, gracias.

Institución.-

Tiene que firmar con este, son las normas. Es para asegurarnos de diferenciar la copia que se llevan ustedes del original que archivamos. *(Señalando sobre el papel*). Aquí. Debajo de "pertenencias". Donde dice "recibí". Indiquen la fecha y hora.

Madre.-

¿A qué estamos hoy?

Padre.-

Martes. Martes 10 de julio. Y son...

Institución.-

(*Mirando el reloj*). Las seis y cinco. (*Extendiendo otra hoja a MADRE*). Esta es la lista de objetos permitidos.

Madre.-

(*Dando la carpeta y el bolígrafo a PADRE*). ¿Cuándo podremos visitarla?

Institución.-

Esta noche se quedará en observación. Mañana la evaluará el equipo. Si autorizan las visitas les permitirán venir una hora. Máximo dos personas. De lunes a domingo. (*PADRE devuelve el bolígrafo azul y la carpeta a INSTITUCIÓN*). En la puerta tienen los horarios. Hasta entonces, pueden hablar por teléfono con ella. Diez minutos diarios. ¿Es alérgica a algún fármaco?

MADRE.–

No.

INSTITUCIÓN.–

¿Patologías previas? ¿Antecedentes cardíacos o hepáticos en la familia?

MADRE.–

No.

PADRE.–

Mi abuela era diabética.

MADRE.–

No.

(*Susurrando a PADRE*). Eso no tiene que ver ahora.

INSTITUCIÓN.–

¿Fuma? ¿Bebe?

PADRE.–

No.

INSTITUCIÓN.–

¿Saben si consume algún tipo de sustancias?

MADRE y PADRE.–

¡No!

INSTITUCIÓN.–

¿No lo saben o no consume?

MADRE.–

No consume.

INSTITUCIÓN.–

A menudo, este tipo de enfermos miente.

Silencio.

¿Algo más que quieran preguntar?

PADRE.–

¿Cuándo va a poder salir?

Institución.–

¿Son conscientes del estado de gravedad en el que se encuentra? Lo sorprendente es que hayan tardado tanto en venir.

Silencio.

Ustedes no están capacitados para hacerse cargo de la situación. Ahora mismo hay riesgo vital y eso es lo único que nos importa aquí.

Silencio.

Todo esto forma parte de un proceso. No podemos darles una fecha. Depende de ella. De su evolución y de lo colaboradora que se muestre con el tratamiento.

Padre.–

Siempre ha tenido muy buena disposición.

Institución.–

Y, sin embargo, está aquí.

Silencio.

Cuando se estabilice podremos valorar otras opciones. De momento, lo mejor que pueden hacer es marcharse y esperar a que mañana les llame el doctor. (*Sale de la sala)*.

Silencio.

MADRE.–

(*A PADRE*). Le prometí que estaría ahí cuando mirase atrás.

PADRE.–

Son las seis y cuarto.

MADRE.–

Iba en silla de ruedas.

PADRE.–

Podemos volver en taxi.

MADRE.–

¿Por qué has tardado tanto en llegar?

PADRE.–

No encontraba la puerta. Esto es inhumano. Un sótano…

MADRE.–

La silla era roja. Como cuando era pequeña y le secaba el pelo. En la sillita roja, ¿te acuerdas?

PADRE.–

(*Sacando el móvil del bolsillo del pantalón*). Voy a hacer una foto al horario.

MADRE.–

Y luego estaba el tipo ese... El de seguridad. Dicen que es para prevenir. Por si acaso, dicen. Por si acaso, ¿qué?

PADRE.–

(*Volviendo junto a MADRE, le pasa una mano por el hombro*). Es para protegerla.

MADRE.–

¿De qué? ¿De quién? ¿De sí misma? ¿De nosotros?

Silencio.

Estaba enfadada. Agachó la cabeza cuando pasó a mi lado. No dijo nada, pero yo sé que estaba enfadada.

PADRE.–

Mañana sabremos más.

MADRE.–

¿Qué más necesitas saber? A veces tengo la sensación de saberlo todo y al mismo tiempo no saber nada. ¿Cuánto tiempo ha pasado ya? ¿Hasta cuándo?

Pretérito imperfecto

(Del indicativo)

La misma sala.

La de paredes grises.

Y sus plantas de interior.

Veinticuatro horas más secas.

MADRE.–

¿Y si no quiere salir?

PADRE.–

Todavía faltan un par de minutos.

MADRE.–

Ya, ya... Pero...

PADRE.–

¿Cuánto tiempo crees que hace que no abren esta ventana? (*Sentándose en la mesa más cercana a la ventana*). Le veo el óxido desde aquí…

MADRE.–

¿Y si sigue enfadada?

PADRE.–

(Chistando a MADRE, señala con la cabeza). Ahí viene.

Besos. Abrazos. Miradas. Tacto.

(Pasándole la mano por el rostro). Hija, ¿qué tal?

MADRE.–

¿Y la noche? ¿Has dormido bien?

Silencio.

¿Y la merienda? ¿Cómo fue? ¿Qué tomaste?

PACIENTE 511.–

(A PADRE). ¿Qué hora es?

Padre.–

No te preocupes, tenemos tiempo.

Paciente 511.–

(Recostándose sobre el hombro de MADRE). Tiempo… ¿Cuán…? ¿Cuánto…? ¿Cuánto tiempo?

Madre.–

(Acariciándole el pelo). ¿Quieres que te haga una trenza?

Paciente 511.–

Quiero dormir.

Madre.–

Nos han dicho que compartes habitación.

Paciente 511.–

Dormir siempre.

Padre.–

Sí. ¿Cómo se llama tu compañera?

Paciente 511.–

Dormir para siempre.

Madre.–

¿Quieres agua? *(A PADRE).* ¿Por qué no vas a la fuente esa de ahí y le traes un vasito de agua?

Paciente 511.–

¿A qué huele? Huele a... A...

Madre.–

No huele a nada.

Paciente 511.–

A nada.

Silencio.

Padre.–

(Dándole un vaso de cartón a PACIENTE 511). Toma, cariño. Está fresquita. Yo me he tomado otro vasito *(a MADRE),* ¿quieres tú?

MADRE.–

(Negando con la cabeza, termina la trenza de PACIENTE 511). Ya no te tiras del pelo, ¿a qué no, bonita? Tienes que dejar que te crezca que, si no, no te voy a poder peinar.

PADRE.–

Claro, hija, esas cosas no se hacen. Ya no las tienes que hacer más.

PACIENTE 511.–

¿Me habéis traído bragas?

MADRE.–

Sí. Te las hemos comprado nuevas. A ver si te gustan. Son de Snoopy, con palmeritas *(a PADRE)*, ¿verdad?

PADRE.–

¿Quién?

PACIENTE 511.–

Mamá... Tengo veintiocho años.

Madre.-

¿Y eso qué más da? Son muy monas, ya verás. Un poco cristianas, eso sí, pero es que tangas no nos dejan traerte.

Paciente 511.-

¿Y calcetines?

Madre.-

Sí. Todo lo de la lista.

Padre.-

También un par de libros. (*Tocando el codo a PACIENTE 511*). Los ha elegido tu HERMANA.

Madre.-

Cuando los revisen te los dejarán en la habitación.

Paciente 511.-

¿Cuándo va a venir?

Madre.-

Quería venir... Pero con el teletrabajo...

PADRE.–

Ahora anda ocupada...

MADRE.–

Más adelante.

PADRE.–

En otro momento.

Silencio.

PACIENTE 511.–

¿Me puedo asomar a la ventana?

MADRE.–

Tampoco hay mucho que ver.

PADRE.–

Poca cosa.

MADRE.–

Es el calor.

PADRE.–

El calor nos tiene atontados.

MADRE.–

Fíjate, veníamos en el metro medio adormilados con el aire acondicionado.

PADRE.–

Parece que sale fuego del suelo.

Silencio.

MADRE.–

(*A HIJA, señalando las macetas*). ¿Sabes qué plantas son esas, las de las hojas alargadas?

PACIENTE 511.–

Mamá...

MADRE.–

Eso de ahí son cintas, ¿y esos?

PACIENTE 511.–

No quiero.

Madre.–

Esos se llaman potos, y lo de al lado es un ficus. ¡Ay qué ver lo duros que son! Mira aquí, sin luz ni nada, y lo hermosos que están.

Paciente 511.–

Por favor...

Madre.–

La que no sé cómo se llama es esta de la mesa. ¿Tú la conoces?

Padre.–

Esta se llama lengua de tigre.

Silencio.

Madre.–

(*A Padre*). ¿Desde cuándo entiendes tú de plantas?

Padre.–

Es por el programa ese de la dos. El de las historias de los jardines...

Paciente 511.–

Parad ya. Los dos. Callaos.

Más silencio.

Mucho silencio.

Un largo y oscuro silencio.

No os marchéis. No me dejéis aquí. Otra vez no. Otro día no.

MADRE.–

Tranquila, mañana vamos a venir también.

PADRE.–

(*Pasándole la mano por el rostro*). Claro hija, tú no te preocupes ahora.

PACIENTE 511.–

Traedme bragas.

Esperar.

A que abran la puerta.
Esperar.

Y pilas.

Por si acaso.

Por si acaso.

Pretérito pluscuamperfecto

Una habitación.

La habitación compartida.

Dos camas separadas por dos mesillas unidas. A un lado, la quinientos once.

Al otro, la quinientos doce.

Un baño húmedo, de olor supurante, a resguardo bajo llave.

PACIENTE 511 apoya dos libros encima de su cama.

Con lentitud.

Despacio.

Muy despacio.

Sentada, con las piernas cruzadas, OTRA observa cada gesto.

OTRA.–

Uno, dos… *(Estirando la cabeza, tratando de ver).* ¿Qué es?

Silencio.

(Señalando) Eso. Lo que tienes ahí. Di, ¿qué te han traído?

PACIENTE 511 le muestra los dos libros a OTRA.

¿Te gusta leer?

PACIENTE 511 arruga los ojos.

Es la luz. La luz y las pastillas. ¿A ti cuántas te dan?

Silencio.

Cada vez vienen con unas distintas. Dan dolor de cabeza. Sobre todo, por las tardes. Es el veneno. Nos envenenan poco a poco. Por eso estamos aquí. (*Abriendo el cajón de su mesilla saca varios folios arrugados llenos de dibujos. Se los muestra a PACIENTE 511*). Mira, ¿ves? Lo tengo todo anotado. Somos experimentos.

Silencio.

Mañana no vas a ser la única que tenga visita. A lo mejor viene mi madre. Tiene quehaceres en Madrid. Pero solo si termina. Solo si le da tiempo. Es que ella vive lejos... ¿Tus padres son de aquí?

Silencio.

Bueno, lejos, lejos, tampoco... Pero claro, no va a coger un tren solo para venir.

Silencio.

Hoy en la llamada le he pedido un frasquito pequeño con gel. A mí el que me gusta es ese de vainilla, el del Mercadona. ¿Sabes cuál te digo?

PACIENTE 511 se encoge de hombros.

Da igual. El caso es que, ¿a qué no sabes qué me ha dicho?

PACIENTE 511 niega con la cabeza.

Que esto no es un hotel. ¡Eso ha dicho! Y se ha quedado tan pancha.

¡Que esto no es un hotel!

Silencio.

Yo ya sé que esto no es un hotel. Anda que lo no sé bien. ¡Que
no es un hotel!

Silencio.

(*Mordiéndose las uñas, escupe al suelo*). Mañana voy a pedirle al doctor que me deje salir a echarme un piti. Estoy en mi derecho. ¿Tú fumas?

PACIENTE 511 niega con la cabeza.

¿Nada?

PACIENTE 511 niega con la cabeza.

¿Nunca?

PACIENTE 511 niega con la cabeza.

¿Ni cuando sales por ahí de guateque? ¿No?

Silencio.

(*Canturreando*).

"Y mientras fumo,

mi vida no consumo, porque flotando el humo me suele adormecer..."

Silencio.

(*Exhalando el humo imaginario*). Lo que me saca de quicio es haber vuelto a casa. A su casa. Me lo recuerda todo el rato. Erre que erre. Por no poder, ni podemos estar en la misma habitación. ¡Ni que fuese mi culpa! Y se lo he dicho, ¿eh? Pero nada, ¡oye! Mira que es fácil. Yo se lo explico, una y otra... Ella... Como quien oye llover...

PACIENTE 511.–

¿Qué hay después de la puerta?

OTRA.–

¿Después de la puerta? ¿La de la sala gris, dices?

PACIENTE 511 asiente con la cabeza.

(*Encogiéndose de hombros*). A los que sacan por ahí ya no se les vuelve a ver. (*Susurrando*). Es como si se murieran. (*Cogiendo la sábana de la cama, la estira y comienza a dar vueltas*). Se te van borrando de la cabeza. Poco a poco. Luego, un día, ya no sabes que estuvieron aquí (*soltando la sábana en el suelo*).

Silencio.

Aunque tú... (*Acercándose a PACIENTE 511 la olisquea).* Tú me suenas... Sí, niña... Yo a ti ya te he visto... Estoy segura. No mientas, ¿eh?

¡Que yo tengo instinto animal! (*Olisquea. Gruñe. Ladra*). No me gustan las mentirosas. ¿Eres tú una de esas pequeñas mentirosas?

PACIENTE 511 niega enérgicamente con la cabeza.

Te digo que yo a ti te conozco... ¿Qué no?

PACIENTE 511 se encoge. Acaricia los libros.

No sé. No sé. Esto... Esto me huele mal. Muy mal. Trae a ver. ¿Qué pone aquí? (*Cogiendo uno de los libros de PACIENTE 511, abre las páginas y lee*). "Eres un árbol gigante. Te esperamos". ¿Qué significa?

Silencio.

¿Quién te envía?

Condicional simple

Cocina de la casa familiar. Hora de la comida.

No la hora común de la comida.

Sino la hora a la que come esta familia. La una y media.

MADRE.–

(A HERMANA). Ha preguntado por ti. Varias veces.

PADRE.–

(Extendiendo el mantel sobre la mesa). Este arroz ya está.

MADRE.–

(*A HERMANA*). Le hemos dicho que ahora no podía ser. Que no era buen mo-mento.

PADRE.–

(*A HERMANA*). ¿Por qué no vas a por los cubiertos? (*Susurrando a MADRE*). No la presiones. (*Levantando la voz a HERMANA*). Trae también cuchillos. Los de sierra del mango marrón. (*A MADRE*). Qué poco me gusta el pollero nuevo, el jovencito, ¿sabes cuál te digo? (*MADRE asiente*). Mira que le digo que me corte trozos pequeños, ¡pues menudos tarugos más grandes que me ha dejado! Pero es que no veas...

HERMANA coloca la mesa. Cuatro vasos.

Cuatro platos.

Cuatro juegos de cubiertos.

Cuatro servilletas.

MADRE.–

(*AHERMANA*). Aquí solo estamos tu PADRE, tú y yo. Uno. Dos. Tres.

PADRE.–

(*Retirando el cuarto plato de la mesa*). Mujer, no seas así, es la costumbre, (*a HERMANA*) ¿a que sí, hija? A mí a veces también me pasa. No vas a decir ahora que a ti no.

HERMANA.–

(*Sentándose a la mesa*). De eso va todo esto, ¿no?

MADRE.–

¿Qué quieres decir?

PADRE.–

(*Sirviendo el arroz en los platos*). Anda, vamos a comer. (*A HERMANA*) ¿Así está bien o quieres más?

MADRE.–

(*A HERMANA*). Habla. Di. Te escuchamos.

PADRE.–

(*AMADRE*). Venga, que el arroz no se puede recalentar.

MADRE.–

(*A HERMANA*). ¿Ahora te callas?

PADRE.–

(*A HERMANA*). Acércame la cesta del pan, haz el favor. (*A MADRE*). ¿Quieres un poco de limón?

MADRE.–

(*Levantándose de la mesa*). Voy a echarme un rato.

Silencio.

Padre.–

(*Susurrando a HERMANA*). Le han gustado mucho los libros que elegiste. Quiere hablar contigo por teléfono. Preguntarte si podrás ir a verla el fin de semana. Solo le dan diez minutos al día. Ahora tenemos que hacer un esfuerzo entre todos. Nuestro objetivo es que vuelva a casa cuanto antes. Con nosotros estará bien. Más tranquila.

Silencio.

(Pulsando los botones del mando del televisor). A ver qué rollo echan en la tele... (*Extendiendo a HERMANA el mando*). ¿Dónde ponen "Los Simpson"?

Hermana.–

¿No te has parado a pensar, ni tan solo por un segundo, que allí es donde mejor puede estar ahora?

Padre.–

¿Cómo se te ocurre? (*Bajando el volumen del televisor*). ¿Por qué dices esa barbaridad?

Hermana.–

¿Por qué ponéis tanto empeño en negarlo? ¿Tanta energía en ocultarlo? Papá, ella no es normal. No para mí. No desde que aquel profesor...

PADRE.–

No lo digas. Ni se te ocurra decirlo.

HERMANA.–

Es otra niña rota. Otra víctima. Y yo...

PADRE.–

Ni se te ocurra decirlo.

HERMANA.–

Yo no sé mirarla de otro modo. Y creo que vosotros tampoco. Allí por lo menos está cuidada.

PADRE.–

Lo único que siempre hemos querido... Lo único que hemos hecho todo este tiempo es...

HERMANA.–

Escondernos.

PADRE.–

Protegerla. A ella. Y a ti, también, aunque no lo creas.

HERMANA.–

¿Protegernos? ¿Cómo? ¿Eh?

PADRE.–

No levantes la voz. Tu madre está descansando.

HERMANA.–

(*Susurrando*). Dime, ¿cómo lo habéis hecho?

PADRE.–

(*Levantándose de la mesa*). Ya está bien.

HERMANA.–

(*Siguiéndole*). Estamos hechos de miedo.

PADRE.–

Solo somos una familia. Tan solo eso. Un todo. Su todo.

HERMANA.–

Ahora mismo solo somos una enfermedad, papá. Su enfermedad.

Presente de indicativo

(¿Otra vez?)

La sala de paredes naranjas.

Ya conoces sus cuatro mesas rectangulares. A los humanos uniformados que las recorren. Los pijamas azules que visten.

Las bandejas.

Los vasos.

Los platos y...

PACIENTE 511.–

Esta cuchara...

Esta cuchara llegó antes que yo. La cuchara me persigue.

Silencio.

Abro la boca.
Saco la lengua.
Cierro los ojos.
Y trago.

Un largo silencio.

¿Qué hora es?

Ardo.
En un fuego imparable.

No puedo respirar.

Sin control.
Me agoto. No se detiene.
De él no brotan cenizas.

Un larguísimo silencio.

Otra vez.
Otra vez las agujas del…
reloj.
Otra vez se clavan en…

mi
piel.
Me
miras.

Ai-re.

... mi
garganta.

Me hincho.

Silencio.

La carne me desborda.

Caminas.
Sin rumbo.
Con elegancia.

Tus manos alrededor de...

Eres parte de este ejercicio de eterna recordación.

No el recuerdo voluntario. El que viene a ramalazos.

Un cuerpo crece en otro cuerpo.

Tu cuerpo.

Tú saliendo de otro cuerpo.

De mi cuerpo.

Silencio.

Sé quién eres. Sé qué eres.

Veo. Huelo. Oigo.

No estás aquí.

Tú ya no estás aquí.

Y aun así...

Por detrás de los
párpados.

El hedor de tus partículas
en el aire.
Tus bufidos en mi oreja.
Y siento...

Dolor.

Entre los muslos.
Hacia los tobillos

Te
siento
a

ti.

Con el sabor del metal.

Silencio.

¿Qué hora es?

Soy la arqueóloga de esta paranoia.

La una y media.

En la ducha.
Bajo el agua.
Caliente.
Muy caliente.

Ya estás aquí.

Froto mi piel. Sus cicatrices.
Se quema.
La rompo.

Sigues aquí.

Au-xi-lio.

Veo cómo se deshace pidiendo…

Resiste.
Está endurecida.

Tengo miedo.

Silencio.

De ti.
De mí.

¿Qué hora es?

Dolor más nada igual a miedo. Eso dicen.

La una y media.

Hay una bala en mi nuca. Quiero expulsarla.

No es cierto.

¿Qué hora es?

Voy a ahogarte.

Voy a acabar contigo.

Con mis manos.

Al final de esta hora.

Cuando las agujas se pongan de acuerdo.

A la una y media.

Tú.

Quema.

Pretérito anterior

(Del indicativo)

Salón de la casa familiar. Suena el teléfono.

HERMANA.–

¿Diga?

Al otro lado, mismo aparato colgado en un pasillo.

¿Sí?

Las teclas desnudas.

¿Hola?

Un auricular sudado.

¿Quién es?

Y unos números translúcidos.

Paciente 511.–

Yo.

Hermana.–

Perdón, es que…

Paciente 511.–

Soy yo.

Hermana.–

Sí. Sí. Es que… Tu voz… No te reconocía… ¿Cómo estás?

Paciente 511.–

Pues…

Hermana.–

Julio este año está siendo horroroso… Imagino que te habrán contado. MADRE apenas duerme.

Paciente 511.–

¿El calor?

Hermana.–

Ya sabes lo mal que lo lleva.

Paciente 511.–

Aquí hace frío. Llevamos forro polar. Todo el día. Es verde. Y feo. Y... Rugoso. Tampoco hay agua caliente. Nunca.

Silencio.

¿Qué tal en la academia?

Hermana.–

La academia... (*Resoplando*). De momento, adaptándome al *on-line*. Es lo que toca. Aunque al final... Tanta tecnología y tanta historia, pero siempre falla algo. Eso sí, también te digo, no me puedo quejar. Pagan bien, para ser una sustitución de verano. Y... Bueno, no tengo que salir de casa. ¿Quién lo iba a decir? La pandemia ha traído sus cosas positivas. Ahora soy la *teacher*. *¡Teacher!*, esto. *¡Teacher!*, lo otro. Así todo el día. Sí, no hablan español. Casi nada.

Paciente 511.–

Gracias por los libros.

Silencio.

También por la dedicatoria.

Silencio.

HERMANA.–

Eso sí, a los chinos no los soporto… Menudo engaño. Que si muy disciplinados… Que si muy aplicados… Que si esto… Que si lo otro… A la hora de la verdad… ¡Ja! ¡Tararí que te vi! Mentira todo. Vamos, lo que yo te diga… Menuda empanada mental que llevan…

PACIENTE 511.–

¿Cuándo vas a venir?

Silencio.

El doctor dice que estoy mejorando. Este fin de semana… ¿Crees que podrás? El sábado… O el domingo…

HERMANA.–

¿Por qué?

Silencio.

¿Qué ha cambiado?

PACIENTE 511.–

El doctor…

HERMANA.–

Sé lo que dice el doctor. Te he escuchado. Te pregunto a ti.

PACIENTE 511.–

Yo…

HERMANA.–

Tú, tú, ¿qué? Por si no te has dado cuenta aún, no solo eres tú, ¿sabes? No tenías ningún derecho. ¿Ahora me quieres ver? ¿Qué imaginabas que pasaría? Te consideraba, ¿más inteligente? O menos… Tonta… Yo que sé.

PACIENTE 511.–

Tú… No lo entiendes. No lo puedes entender…

HERMANA.–

¿Cómo puedes ser tan jodidamente egoísta?

Silencio.

Mucho silencio.

Un duro y profundo silencio.

No quería decir… ¡Dios! Lo siento.

PACIENTE 511.–

No pasa nada.

HERMANA.–

Perdóname. No está bien. Esto... No ha estado bien.

PACIENTE 511.–

Déjalo. No importa.

HERMANA.–

Sí. ¡Mierda! Sí importa. Claro que importa. A mí me importa. Es solo que... Me asusté... Me asusté mucho. ¿Lo entiendes?

PACIENTE 511.–

Sí. Creo que sí. Ahora sí.

HERMANA.–

¿Llamarás mañana?

Futuro compuesto

Un jardín con flores.

Con muchas flores.

Flores blancas.

Por orden alfabético:

Azucenas, claveles, iris, jazmines y margaritas. En el centro un banco de madera.

Otra.–

(*Leyendo el periódico*). "Rusia abandona la ofensiva en Ucrania y devuelve el territorio anexionado de Crimea". (*Levantando la vista, abre mucho los ojos*). ¡Ojiplática! (*Volviendo al periódico*). ¿Y esta de aquí? "Israel lanza un comunicado en el que... Continúa en la página ocho". (*Humedeciéndose las puntas de los dedos pulgar e índice con la lengua*). A ver... Página ocho... Página ocho... ¡Ay! Que se me vuelan las hojas con la brisilla... Diez, nueve... Ocho... Aquí.

Paciente 511.–

(*Señalando el banco*). ¿Puedo?

OTRA.-

(*Sin levantar la vista, asiente*). Esta es. (*Continúa leyendo*). "Israel lanza un comunicado en el que reconoce a Jerusalén como capital del Estado de Palestina y pide perdón por sus acciones". ¡Caramba! *(A PACIENTE 511*). Parece que pintea.

PACIENTE 511 frunce el ceño.

¿Lo hueles?

PACIENTE 511 niega con la cabeza.

La lluvia se acerca.

PACIENTE 511 mira al cielo.

Pero... ¿Esto qué es? (*Continúa leyendo*). "Eu-rrit..." No. "Eu-rit-mia. Euritmia ha sido designada la palabra del año" Eu-rit-mia. ¿Qué narices es eso? (*Levantando la vista del periódico, a PACIENTE 511*). ¿Tú sabes lo que es la "eu-rit-mia"?

PACIENTE 511.-

Algo parecido a la armonía. Cuando las cosas están en su lugar. Ordenadas. Proporcionadas. En equilibrio.

OTRA.-

¿Y por qué no lo dicen así? E-qui-li-brio. ¡Qué manera de complicarse! ¿Qué lees?

PACIENTE 511.–

(*Mostrándole a OTRA un libro desgastado*). Es la historia de un caballo.

OTRA.–

¿Cómo Pegaso?

PACIENTE 511.–

No. No tiene alas.

OTRA.–

Ah… Vaya… ¡Qué…! Vaya…

PACIENTE 511.–

Este se parece más al de Caballo de Troya.

OTRA.–

¿También tiene soldados en la barriga?

PACIENTE 511.–

No.

OTRA.–

¿Entonces?

PACIENTE 511.–

Este… Este es… Azul.

OTRA.–

¿Azul?

PACIENTE 511.–

Sí.

OTRA.–

¿Un caballo azul?

PACIENTE 511.–

Sí.

OTRA.–

¿Y qué hace?

PACIENTE 511.–

Salir. Salir al mundo. Marchar.

OTRA.–

Ya. La historia de un caballo que trota. ¡Qué original!

Silencio.

(*Retomando el periódico*). A ver, a ver, ¿qué tenemos por aquí?... ¡Ay, madre!

PACIENTE 511.–

¿Qué?

OTRA.–

No puede ser. Tiene que ser un error. Sí. Eso es. Un error.

PACIENTE 511.–

¿Qué pasa?

OTRA.–

Oye, y el cuento de ese caballo tuyo...

PACIENTE 511.–

No es un cuento. ¿Qué pone?

OTRA.–

Ah, ¿no?

PACIENTE 511.–

No.

OTRA.–

¿Estás segura?

PACIENTE 511.–

Sí. Venga. Dime.

OTRA.–

Bueno y… ¿Dónde ocurre?

PACIENTE 511.–

En Trieste. ¿Qué dice el periódico?

OTRA.–

¿Tú conoces Trieste?

PACIENTE 511.–

¿Qué si conozco…?

OTRA.–

Sí. ¿Has estado alguna vez allí?

PACIENTE 511.–

Yo que sé ahora si he estado allí o no. ¿Quieres leer ya la noticia?

OTRA.-

¿Cómo no vas a saber si has estado o no en un sitio?

PACIENTE 511.-

Te digo que no lo sé.

Silencio.

OTRA.-

¿Quieres saber lo que han publicado?

PACIENTE 511 asiente con la cabeza.

Vale. (*Aclarándose la voz*). Allá voy. Voy, ¿eh? Pon atención. ¿Estás escu-chando?

PACIENTE 511 resopla. Se frota las sienes.

(*Cogiendo aire lee de seguido*).

Elañoconcluyesinningunamujermuertaamanosdeunhombreentodoelmundo. ¡Hala! Ya está. Ya lo he dicho.

Silencio.

PACIENTE 511.-

¿Eso dice?

OTRA asiente con la cabeza.

¿Con esas mismas palabras?

OTRA asiente con la cabeza.

Pero... es un medio fiable, ¿no?

Silencio.

OTRA.–

¿De verdad que no te acuerdas?

Pretérito imperfecto

(Del subjuntivo)

Otro día.

Otro día en la sala de paredes grises.

PADRE.–

(*A MADRE*). Sigo sin entender qué te pasa.

MADRE.–

(*Tocando las paredes con las manos*). ¿Cuánto tiempo hará que no le dan una mano de pintura a las paredes estas? Menuda humedad tiene ahí abajo.

PADRE.–

No eres la única que está sufriendo con toda esta situación. A mí también me duele.

MADRE.–

Y al poto aquel le han enguachinado hoy.

PADRE.–

Hemos hecho todo lo que hemos podido. Como hemos sabido. Lo...

MADRE.–

No lo digas.

PADRE.–

Es así.

MADRE.–

No para nuestras hijas. Para ninguna de ellas. Eso está claro. A una casi la perdemos y la otra... La otra no quiere saber nada de nosotros. Y ¿sabes qué? Yo ya no sé distinguir cuál es cuál.

Silencio.

PADRE.–

Están saliendo.

MADRE.–

No la veo. ¿Tú la ves?

PADRE.–

Sí. Ahí viene.

Besos. Abrazos. Miradas. Tacto.

(*Pasándole la mano por el rostro a PACIENTE 511*). ¿Cómo estás hoy, cariño?

Madre.–

¿Estás descansando mejor?

Paciente 511.–

¿Dónde está? ¿No ha venido con vosotros?

Padre.–

¿Tienes sed? ¿Quieres que vaya a la fuente a por un vaso de agua fresquita?

Madre.–

(*A PADRE*). Ve, ve, sí. (*A PACIENTE 511, sacando un cacao labial del bolso, se lo muestra*). Mira lo que he traído. Es de cereza, tu favorito. Si quieres puedo echarte un poquito. A ver, pon los labios así.

Paciente 511.–

(*Poniendo morritos para que MADRE le eche el cacao*). Mamá...

MADRE chista.

Padre.–

¿Pero qué hacéis? Ya os vale...

MADRE.–

Le estoy pintando un poquito los labios, ¿a que sí, hija? A ver, haz así. (*Chocando los labios entre sí. PACIENTE 511 la imita. Con el dedo pulgar de la mano derecha, MADRE retira el producto sobrante de las comisuras de PACIENTE 511*). Listo. Muy bien.

PADRE.–

(*A PACIENTE 511*). ¿Quieres beber?

PACIENTE 511 niega con la cabeza.

MADRE.–

(*A PADRE*). Yo sí. Trae. (*A PACIENTE 511*). También tengo colonia, ¿quieres?

PACIENTE 511 asiente con la cabeza.

(*Le echa colonia en el cuello*). Mucho mejor, (*a PADRE*) ¿verdad?

PACIENTE 511.–

Quiero volver a casa. Os prometo que esta vez me voy a esforzar. Mucho.

PADRE.–

¿Qué tal la radio? ¿Funciona bien?

MADRE.–

Papá también se pone la radio por las mañanas, ¿verdad?

PADRE.–

Sí, en el desayuno, ¿tú qué...

PACIENTE 511.–

¿Por qué?

PADRE.–

... emisora escuchas?

PACIENTE 511.–

¿Por qué os comportáis así?

MADRE.–

¿Así? ¿Así cómo?

PACIENTE 511.–

Como si... Esto, lo que sea esto... Como si fuera... Y ¡no! Ni siquiera me miráis a los ojos. ¿Por qué no me miráis a los ojos?

Silencio.

Mamá, ¿qué he hecho para merecer esto?

MADRE.–

(*Acariciando el pelo de PACIENTE 511*). Dejarte morir, hija.

Presente en continuación

La habitación.

En esta habitación de camas separadas y olor supurante. A solas.

A escondidas.

OTRA toca los libros de PACIENTE 511. Con rapidez cambia de uno a otro. Los agita.

Pasa las páginas.

Juega con ellas.

INSTITUCIÓN abre la puerta.

Despliega una silla y se sienta en el umbral.

OTRA.–

¿Tengo visita?

INSTITUCIÓN.–

Hoy no.

OTRA.–

¿Puedo llamar ya por teléfono?

INSTITUCIÓN.–

Aún no.

OTRA.–

Tengo que avisar a mi madre… Recordarle que me traiga gel… De vainilla… Por favor… Es importante.

INSTITUCIÓN.–

¿Qué ha pasado hoy con el doctor?

OTRA.–

¿Te gustan los perros?

INSTITUCIÓN.–

Dice que le has levantado la voz en consulta.

OTRA.–

Yo prefiero los gatos.

INSTITUCIÓN.–

Que le has insultado.

Otra.–

Los gatos son curiosos. Ágiles. Mucho más inteligentes que los perros.

Institución.–

Y que te niegas a tomar la medicación.

Otra.–

Los perros son estúpidos.

Institución.–

¿Cuántas compañeras de habitación has tenido ya?

Otra.–

Aunque para imbéciles, los dueños que van detrás recogiendo la mierda. ¡Jesusito! No puedo con los besucones que les hablan como si fueran niños peludos.

Institución.–

¿Cinco? ¿Seis?

Otra.–

Los gatos saben cuál es su sitio.

INSTITUCIÓN.–

Ya han pasado tres meses. Esto es una Unidad de Hospitalización Breve.

OTRA.–

(*Gruñendo*). Este es mi territorio. Mío. De nadie más. Yo tengo el poder. Tengo el poder sobre los animales.

INSTITUCIÓN.–

(*Saca del bolsillo de su bata un vaso de cartón con tres pastillas redondas en su interior*). He traído la medicación.

OTRA.–

(*Acercándose a INSTITUCIÓN*). Tu serías una zorra. (*Tocándole el pelo*). Son canijas, tienen el hocico largo y puntiagudo, la cabeza plana... (*Chocando su nariz con la de INSTITUCIÓN*).

INSTITUCIÓN.–

Mantén la distancia.

OTRA.–

Uy, pobrecita... ¿No te gusta? No entiendo por qué.

INSTITUCIÓN.-

(*Extendiendo el vaso a OTRA*). Tienes que tomártela.

OTRA.-

También hacen unos ruiditos... Así como raros... Con la garganta.

INSTITUCIÓN.-

Toda.

OTRA.-

(*Corre en círculos por la habitación*). Ovejas. Hienas. No olvidaré vuestros relinchos. ¡Es la casa de las fieras!

INSTITUCIÓN.-

Pronto tendremos que derivarte a la Unidad de Larga Estancia y no queremos eso, ¿estamos de acuerdo?

OTRA.-

(*Arrodillándose frente a INSTITUCIÓN*). No más experimentos. Se acabaron los experimentos.

INSTITUCIÓN.-

(*Vuelve a dar el vaso a OTRA*). ¿Vas a ser buena?

OTRA.–

(*Cogiendo el vaso, traga las tres pastillas de golpe*). Ya están los animales removiéndose en su sueño.

INSTITUCIÓN.–

(*Recogiendo el vaso*). Eso es. (*Acariciándole la cabeza a OTRA*). Ahora descansa. Pronto tendrás una nueva compañera. No olvides de qué lado está la suerte aquí.

Condicional compuesto

Cocina de la casa familiar. Hora del desayuno.

No la hora común del desayuno.

Sino la hora a la que hoy desayuna esta familia. Las seis y trece.

PADRE.–

Voy a calentar el café. ¿Has desayunado ya?

MADRE.–

(*Sosteniendo una fotografía, sin levantar la vista, asiente*). Hay pan tostado en la sartén.

PADRE.–

(*Señalando la imagen*). ¿Qué miras?

MADRE.–

He hecho mermelada de higos. Está en la nevera. Donde los huevos.

Cerrando la nevera, PADRE se sienta a la mesa, junto a MADRE.

(*Extendiéndole la instantánea a PADRE*). La encontré ayer. Fíjate, ni siquiera la recordaba.

PADRE.–

(*Sirviéndose leche en la taza, remueve el café con la cucharilla*). Mujer, ya será por fotos...

MADRE.–

Es extraño, parecemos tan tranquilas...

Silencio.

¿Te acuerdas del día que entramos por primera vez los tres juntos en casa?

PADRE.–

(*Untando mermelada sobre el pan*). ¿Hablas de cuando acababa de nacer y no sabíamos dónde ponerla?

MADRE asiente.

Claro, ¿cómo no me voy a acordar? (*Mordiendo la tostada*). Una semana montando la cuna y cuando llegamos con ella no sabemos dónde colocarla.

MADRE.–

¿Tú crees que lo notó?

PADRE.–

¿Que si...? (*Aclarándose la garganta*). ¡Qué cosas tienes! ¡Era un bebé!

MADRE.–

Ya, pero...

PADRE.–

¿Pero?

MADRE.–

¿Y si se dio cuenta?

PADRE.–

Óyeme, sigue siendo nuestra hija. Nunca ha dejado de serlo.

MADRE.–

Yo fui la que llamó al hospital. Yo. Solo yo. Tú no habías vuelto aún de la fábrica y...

HERMANA entra en la cocina. Agarra una taza y se sirve café.

Coge un trozo de pan tostado del plato de PADRE.

PADRE.–

¿Quieres que te ponga mermelada? Es de higos.

Hermana.–

Uf, ¿qué dices? (*Mordiendo el trozo de pan tostado*). Quita, quita, mejor el pan seco.

Padre.–

La ha hecho tu MADRE. Casera, ¡sin azúcares, ni conservantes!

Hermana.–

Por eso.

Madre.–

(*A Hermana*). Anda, siéntate y desayuna como las personas.

Hermana.–

No quiero llegar tarde.

Madre.–

(*A Hermana*). Aún es pronto.

Hermana.–

(*Derramando el café sobre la camisa*). ¡Mierda! ¡Joder! ¡Mierda! ¡Joder!

Padre.–

Tranquila.

HERMANA.–

¿Cómo voy a estar tranquila? Es mi blusa favorita. Y la de ella. A ella también le encanta. Y… Además, que me queda genial con esta falda.

¿Qué me voy a poner ahora?

PADRE.–

Quítatela, voy a intentar sacarle la mancha. (*HERMANA se quita la blusa y se la da a PADRE*). Tú termina el desayuno. (*Sale de la cocina con la blusa en la mano*).

Silencio.

HERMANA.–

(*A MADRE*). ¿Por qué siempre olvidas que ese día yo también estaba en casa?

MADRE.–

No lo he olvidado. No he podido hacerlo. ¿Cómo iba a hacerlo?

HERMANA.–

Nunca dejé de estar aquí, ¿sabes? A veces creo que simplemente estaba esperando. Os esperaba a los dos.

MADRE.–

Tú también eres nuestra hija.

HERMANA.–

Quería que entraseis en mi habitación. Para pedirme ayuda o... Solo para decirme que todo había pasado. Que podía salir. Que no había nada que temer.

Silencio.

MADRE.–

Por las mañanas, cuando abro las ventanas para ventilar la casa, justo antes de irme a trabajar...

HERMANA.–

Ese momento entre el despertar y la realidad...

MADRE.–

Respiro el aire frío...

HERMANA.–

Solo un rato.

MADRE.–

Apenas unos segundos.

HERMANA.–

Cuando lo que hizo...

MADRE.–

Hasta que…

HERMANA.–

Aquel día nos ha sumergido en un pozo de miedo.

MADRE.–

(*Negando con la cabeza*). Es curioso, ¿verdad?

HERMANA levanta la cabeza. Mira a MADRE.

Que, entre tantas formas de condenar, el único que no viene nunca a nuestro pensamiento es el dueño de esta herida. De su herida. De nuestra herida.

Presente de indicativo

(¿Última vez?)

En esta habitación.

Dos camas dialogan por separado.

La quinientos once, desnuda, sin sábanas. Sobre ella un mapa de objetos.

Algunos de ellos migran con discreción hasta la quinientos doce. El baño húmedo, tiene la puerta abierta.

Su olor supurante se hace hoy más leve. INSTITUCIÓN despliega una silla.

Se sienta en el umbral. En silencio, anota.

PACIENTE 511.–

Una bolsa.

OTRA.–

Una bolsa de papel, dirás.

INSTITUCIÓN.–

Las de plástico no están permitidas.

PACIENTE 511 y OTRA se miran.

PACIENTE 511.–

Cinco bragas.

OTRA.–

Snoopy en el centro. ¿No eres un poco mayor ya para esto? Qué monas estas palmeritas. ¿Estás nerviosa?

PACIENTE 511.–

Tres pares de calcetines cortos.

OTRA.–

Un bote de champú. Doscientos cincuenta mililitros. Eh, oye, niña, que si estás nerviosa.

PACIENTE 511.–

Dos pares de calcetines largos.

OTRA.–

¿Me oyes?

Paciente 511.-

Un tarro de crema corporal. Cien mililitros.

Otra.-

Yo ya sé lo que hay tras la puerta. La de la sala gris. Toma, un peine.

Paciente 511.-

¿Lo sabes? ¿Desde cuándo?

Otra.-

Dos calcetines desparejados. ¿A dónde van a parar los calcetines perdidos?

Paciente 511.-

¿Desde cuándo lo sabes?

Otra.-

El cepillo de dientes, la pasta de dientes, una almohada de viaje. Otro peine. Pues desde siempre. Mira, las zapatillas de andar por el pasillo.

Institución.-

Sin cordones, por supuesto. Los cordones son peligrosos.

Silencio.

OTRA.-

Sí. Desde el primer día. Cuando llegaste, ¿te acuerdas? No te dejes el libro. Este es el de la dedicatoria, ¿no?

PACIENTE 511.-

¿Cómo...? No lo entiendo.

OTRA.-

Ah, y la rana de peluche. Qué verde tan... Fosforito. Tiene los ojos, así como atravesados, ¿no?

Silencio.

No sé qué quieres entender.

PACIENTE 511.-

Pues...

OTRA.-

Pues, pues... ¿Pues qué? Toma anda, las gafas. Va a ser verdad que eres miope. Muy miope.

PACIENTE 511.-

¿Y por qué no iba a ser verdad?

INSTITUCIÓN.–

A menudo, este tipo de enfermos miente.

Silencio.

PACIENTE 511.–

¿Quieres quedarte la mini radio? No tiene cascos.

INSTITUCIÓN.–

Los cables también son peligrosos.

OTRA.–

¿Noventa y siete punto dos efe eme?

PACIENTE 511 asiente con la cabeza.

(*Imitando a una locutora de radio*). Radio María ha adquirido una nueva frecuencia. Transmitiendo desde Torrespaña…

PACIENTE 511 y OTRA.–

¡Amén!

Silencio.

OTRA.-

Oye... Verás... Antes... Antes de que te borres...

PACIENTE 511.-

¿Y mi reloj?

OTRA.-

Quiero decir, de que te marches... O de que desaparezcas, yo qué sé...

PACIENTE 511.-

¿Has visto mi reloj?

OTRA.-

En realidad... Bueno... Me... Me gustaría... Uf, ¡qué tonta! Estoy tem-blando y todo...

PACIENTE 511.-

Tiene la correa roja.

INSTITUCIÓN.-

(*Empujando hacia abajo los hombros de PACIENTE 511, obligándola a sentarse en la cama*). Esto ya lo hemos hablado antes.

Silencio.

OTRA.–

La tribu.

Silencio.

Eso es lo que hay. Tras la puerta. La tribu. (*Agarrando un bote rosa de la cama quinientos once*). ¿Puedo...? ¿Puedo quedarme con tu gel?

PACIENTE 511.–

No huele a vainilla.

OTRA.–

No importa.

PACIENTE 511.–

Ni es del Mercadona.

OTRA.–

Estoy segura de que este también me va a gustar.

INSTITUCIÓN.–

(*Cerrando el cuaderno, se levanta de la silla, a PACIENTE 511*). Si has terminado, es la hora.

PACIENTE 511.-

(*A OTRA*). Espera. Si quieres… Si quieres puedo llamarte.

OTRA.-

(*Abrazando a PACIENTE 511*). Me caes bien, niña, pero sal por esa puerta y no vuelvas más.

Futuro imperfecto

Unos zapatos dubitativos se detienen frente a una puerta. Una tos.

Una mano sudorosa pulsa el timbre. Primer pitido.

Un carraspeo.

Segundo pitido.

La espera.

El pelo detrás de la oreja derecha. El pelo delante de la oreja derecha. La mano sudorosa insiste.

Tercer pitido.

La respiración.

El miedo.

Su olor.

El pomo que gira. La puerta se abre.

Hermana.–

Buenos días. ¿Puedo pasar?

Institución.–

Adelante. ¿Es usted la encargada de recogerla?

HERMANA asiente con la cabeza.

(*Entregándole una bolsa de papel*). Estas son sus cosas. Tiene que firmar este documento. (*Señala a HERMANA un formulario y le ofrece un bolígrafo azul*). Aquí. Debajo de "pertenencias". Donde dice "recibí". Indique fecha y hora (*mirando el reloj de pulsera*): martes, treinta y uno de julio. Y son las cinco en punto. ¿Ha traído ropa?

HERMANA asiente con la cabeza. Le entrega una bolsa.

(*Sacando un vestido de flores y un par de sandalias de esparto de la bolsa*). Voy a llevárselo. En cuanto esté vestida podrán marcharse. Por cierto, lo olvidaba. Tiene el informe de alta en la bolsa. En cuarenta y ocho horas tiene que acudir a la cita con su doctor. Ya les expliqué a sus padres el procedimiento por teléfono. Ante cualquier imprevisto, acudan directamente a urgencias.

Hermana.–

La medicación...

INSTITUCIÓN.–

El patrón va en su cartilla médica y en la última página del informe.

¿Algo más?

HERMANA.–

(*Mirándose las manos*). ¿Cómo está hoy?

INSTITUCIÓN.–

Inquieta. Como todos estos pacientes cuando se marchan. Voy a buscarla. Espere aquí.

HERMANA mira a su alrededor. Y ve.

Ve las paredes grises de la sala. Las plantas de interior.

El óxido de la ventana.

El reloj con un segundero que parece retroceder. Un escalofrío recorre su espalda.

Tiembla. Abre la bolsa.

Al fondo, descubre una carpeta de cartulina azul. La agarra.

Tira de ella hacia afuera. Como una furtiva, la abre. Lee.

Hospital Universitario La Paz
Hospital Carlos III
Hospital Cantoblanco
SaludMadrid

SERVICIO MADRILEÑO DE SALUD — CH0041
LA PAZ HOSPITAL GENERAL
PASEO DE LA CASTELLANA 261
28046 - MADRID
Madrid - ESPAÑA
Tel.: 91 727 70 00

INFORME CLINICO DE ALTA	
DATOS ASISTENCIALES	
Esp./Serv.: PSQ - PSIQUIATRIA PSICOLOG. CLINICA Y S MENTAL PSQG - HOSPITAL PSIQUIATRIA	
Fecha de Ingreso: 10/07/2023 18:41	**Tipo de Ingreso:** Urgente
Fecha / Hora de Alta: 31/07/2023 10:00	**Motivo de Alta:** Traslado a domicilio
Fecha de Nacimiento: 30/05/1996	**Edad:** 28 años **Sexo:** Mujer

Motivo de Alta: Traslado a domicilio

Motivo de Ingreso: Paciente que ingresa procedente de urgencias hospitalarias debido a clínica autolítica.

Antecedentes: Enfermedades familiares hereditarias: No enfermedades familiares de interés

Enfermedades previas: Trastorno de la conducta alimentaria

Observaciones: Anorexia nerviosa restrictiva.

Antecedentes neonatales, obstétricos y quirúrgicos: No antecedentes neonatales, obstétricos y quirúrgicos de interés

Alergia a: La paciente no presenta alergias conocidas.

Situación funcional: *Situación física:* Independiente

Resumen de pruebas complementarias:

Laboratorio:

Analítica 12/07/2023, 07:21:

Zinc 1292 µg/L, Hematíes 3.750.000/µL, Hb 12.2 g/dL, Hto 36.8%, VCM 98.2 fL, HCM 32.6 pg, Leucocitos 2060/µL [N 1080, L 770, M 110, E 10, B 20, LUC 70, N/L 1.4], Plaquetas 199.000/µL, TP 11.2 s / 102%, INR 1, Fibrinógeno 173 mg/dL, TTPa 26.5 s / ratio 0.98, Glucemia 80 mg/dL, Colesterol total 159 mg/dL, HDL 82 mg/dL, noHDL 77 mg/dL LDLc 70 mg/dL, TG 35 mg/dL, Creatinina 0.5 mg/dL, Filtrado >90 mL/min, Urato 1.8 mg/dL, Na+ 143 mmol/L, K+ 4.4 mmol/L, Cl- 108 mmol/L, Calcio total 8.9 mg/dL, Ca2+Alb 9.1 mg/dL, Fosfato 4.2 mg/dL, Mg2+ 2.2 mg/dL, ASAT 42 UI/L, ALAT 37 UI/L, FAlc 88 UI/L, GGT 39 UI/L, BRT 0.5 mg/dL, Proteínas 5.6 g/dL, Albúmina 3.7 g/dL, B12 509 pg/mL, Folato 10.6 ng/mL

PACIENTE 511.–

Has venido.

Silencio.

¿Qué haces?

HERMANA.–

¿Eh? (*Cerrando de golpe la carpeta*). Nada. Nada. Estaba… Estaba aquí. Te estaba esperando.

HERMANA le extiende una mano.

¿Estás lista?

PACIENTE 511 se encoge de hombros.

Te quedan muy bien las flores. Te alegran los ojos.

PACIENTE 511.–

Mejor que el pijama de aquí sí son, eso desde luego.

De la mano, PACIENTE 511 y HERMANA cruzan el umbral. Los pulmones se ensanchan en el afuera.

Tras sus pasos, el rumor de los días por llegar.

HERMANA.–

(*Susurrando*). Prepárate… Mamá ha vuelto a hacer de las suyas.

PACIENTE 511.–

¿Otra vez mermelada?

HERMANA.–

Y de higos, nada menos.

Dimensiones cruzadas

El jardín de las muchas flores.

El jardín florido es ahora bosque de árboles frutales. Por orden alfabético:

Almendros, castaños, limoneros, naranjos y olivos.

Un laurel.

Y un ciprés.

OTRA.–

(*Canturreando*).

"Corre,
que quiero enloquecer
de placer...

En el centro un banco de madera.

Sobre el banco un libro con un caballo azul en la portada.

... sintiendo ese calor
del humo embriagador

que acaba por prender
la llama ardiente del amor".

OTRA se sienta en el banco. Coge el libro.

¿Y esto?

Lo abre.

Pasa las páginas.

Sus dedos se detienen sobre el número veintiuno.

¡Anda mi madre! Pero si es el libro aquel... ¿Qué haces tú aquí caballito? (*Relincha*). Sí. Sí. Tú. Caballito azul que ni alas para volar tienes.

Lee.

Pasa las páginas.

Desmonta el libro.

Estar. Solo estar. Esa es tu misión, ¿me oyes? Érase una vez un caballo que era caballo. Fin.

Hojas en blanco se extienden por el suelo.

Las palabras se descomponen en silencios.

* * *

Cocina de la casa familiar. Hora del desayuno.

No la hora común del desayuno.

Sino la hora a la que hoy, tal vez los próximos días, desayuna esta familia.

Las siete y veintiuno.

HERMANA.–

(*Mostrando un cesto con pan tostado a MADRE y PADRE*). ¿Así están bien o lo paso un poco más?

PADRE.–

¿Más?

MADRE.–

(*Cogiéndole el cesto a HERMANA*). Trae, voy a rascarlo un poco. Saca un cuchillo del cajón.

HERMANA.–

¿Dónde están las flores?

MADRE.–

(*Poniendo el cesto de pan tostado en la mesa*). Las metí en la nevera para que no se chuchurriesen con el calor.

PADRE.–

(*Para sí*). Aceite, tomate triturado, sal… (*a MADRE y HERMANA*), creo que no falta de nada… He sacado unas lonchas finitas de jamón del bueno. Fui ayer a comprarlo.

HERMANA.–

(Colocando un jarrón con flores en el centro de la mesa). Pero si es vegana…

PADRE.–

Por si ha cambiado de opinión.

HERMANA.–

… desde hace diez años, papá.

MADRE.–

¿Dónde habéis puesto el…?

Ex PACIENTE 511 entra en la cocina. El silencio pausa las gargantas.

El bullir de la cafetera inquieta a los oídos.

* * *

Otra.–

(*Tapándose los oídos*). Ayyyyy. Ya, ¿eh? Ya. La cuestión, la pregunta, el asunto al que yo me refiero es…

Pasea entre las páginas.

Las recoge.

Las amontona bajo al banco.

¿Cuál es la cuestión? Ya he perdido el hilo.

Estalla contra el aire.

Muchas gracias.

Busca en sus bolsillos.

Lo que daría ahora por un piti…

Relincha.

Así hacéis los caballos, ¿no?

Otra vez. Relincha.

Aquí. Aquí tengo uno, Señor Caballo.

Enciende un cigarro imaginario.

Canta.

"Fumar es un placer
genial, sensual...".

Inhala.

"Tras los cristales
de alegres ventanales...".

Exhala.

Últimamente he estado pensando mucho. Pero que mucho, mucho. Que no es que yo no piense, ¿eh? No se vaya usted a creer, Señor Caballo. Bueno, por ahí sí que no. Reconozco que con estas pastillas pienso algo más... Algo más de lo normal. Y he llegado a la conclusión definitiva. ¿Quiere oírla? Mire que no es fácil. Nada, pero que nada fácil.

Inhala.

¿Por qué algo tan sencillo termina siendo tan complicado?

Exhala.

Bueno, ahí va. Se trata de los pomos. Ahí está la clave de todo.

Sus labios dibujan oes de humo invisible.

Los pomos. Sí. Los pomos. Esos malditos cacharros de latón no hacen más que jugarnos malas pasadas. Y todo porque nadie nos explica cómo se usan. Cómo se deben girar, con qué fuerza y ángulo preciso para que las puertas que se cierran vuelvan a abrirse.

Apaga su cigarro imaginario.

Yo creo que si cuando nacemos alguien nos enseñara... Esta cuestión es de terrible enjundia, porque claro, después... Después crecemos, ¿sabe usted? Crecemos sin saber bien qué decir unos y qué esperar los otros. Y aquí estamos. Aquí pasamos el tiempo mirando trozos de pared.

* * *

MADRE-

Siéntate, hija. (*Dándole una servilleta*). ¿Qué tal has pasado la noche? ¿Qué te sirvo?

EX PACIENTE 511-

Tengo el estómago cerrado.

HERMANA.–

(*Sentándose al lado de EX PACIENTE 511*). ¿Has pensado qué vas a hacer hoy?

PADRE.–

(*Acercándose con la cafetera a la mesa*). ¿Quién quiere café?

HERMANA.–

Ay, sí, por favor. En una hora tengo tutoría con los chinos. (*A EX PACIENTE 511*). Si quieres esta tarde podemos ir de compras.

MADRE.–

O al cine (*a EX PACIENTE 511*), ¿cómo se llama la película aquella? ¿La histórica esa que tanto querías ver?

PADRE.–

(*Agitando la cafetera frente a EX PACIENTE 511*). Recién hecho, es del bueno, no del Marcilla del que tanto reniegas.

MADRE.–

(*A HERMANA*). Coged una sesión en la que no haga demasiado calor para salir. ¡Ay! (*Levantándose, abre la puerta de la nevera, saca un tarro*). Ya sabía yo que se me olvidaba algo. He hecho mermelada de higos.

HERMANA.–

¿Te lo dije o no te lo dije?

Ex Paciente 511.–

¡Parad! No quiero ir al cine, ni café, ni mermelada, ni nada, ¿me oís?

Silencio.

No es que no quiera, ¿vale? Es que... Creo que voy a echarme otro rato. Estoy cansada.

Padre.–

Si no has probado nada.

Madre.–

Necesitas reponer fuerzas.

Hermana.–

Ahora es importante que...

Ex Paciente 511.–

Ya sé lo que es importante.

Un alarmante silencio.

Perdón. Gracias. Perdón. Es solo que... Gracias por las flores, las tostadas rascadas, el café y... Bueno sí, también por la mermelada de higos.

Un asustado silencio.

He dicho que lo siento, ¿vale? Ahora... Hay mucho ruido. Hacéis mucho ruido. Estoy fuera sí, pero...

Un respetuoso silencio.

Me falta el aire. No estoy aquí. No soy yo. Y vosotros... Vosotros tampoco sois vosotros. Os veo, sí y, físicamente sí os parecéis, pero no. No sois. No lo sois y todo esto es...

Un templado silencio.

Todo esto es... Tan extraño. Tan nuevo. Tan igual y a la vez tan...

HERMANA.–

(*Tocando la mano de EX PACIENTE 511*). Raro.

PADRE.–

(*Tocando el hombro de EX PACIENTE 511*). Confuso.

MADRE.–

(*Tocando la cabeza de EX PACIENTE 511).* Distinto.

* * *

OTRA.–

¡Eso es, Señor Caballo! Puertas que abren y cierran.

Relincha.

Con gente que entra y sale.

Relincha.

Tal vez en eso consiste la vida.

Se levanta del banco.

En girar pomos. Solo en eso.

Sale del jardín.

Altos en el absoluto del tiempo